너와 나

너와 나

초판인쇄 | 2024년 10월 14일 **저자** | 남승흥 **펴낸이** | 김영태 **펴낸 곳** | 도서출판 한비CO **출판등록** | 200107년 1월 16일 제25100-2006-1호 **주소** | 41967 대구시 중구 남산2동 938-8번지 미래빌딩 3층 301호 **전화** | 053)252-0155 **팩스** | 053)252-0156 **홈페이지** | http://hanbimh.co.kr **이메일** | kyt4038@hanmail.net

ISBN 9791164871469
　　　 9788993214147(세트)

값 15,000원

*잘못된 책은 교환해 드립니다.
*저자와의 협의로 인지는 생략합니다.

너와 나

남승흥

시·인·의·말

꽃보다 더 꽃답게
봄을 만들고

단풍보다 더 단풍답게
가을을 만드는

디카시의 세계

목·차

1부

· 12월의 의미_13
· 65세_15
· 103_17
· 2023년의 2월_19
· 가을비가 만든 선물_21
· 가을에 내린 첫눈_23
· 가장家長_25
· 가족 나들이_27
· 간절한 소망_29
· 고목_31
· 구름도 등산한단다_33
· 긴급회의_35
· 꽃댕강나무_37

2부

·나림那林_41
·남의 떡이 더 커 보인다 1_43
·남의 떡이 커 보인다 2_45
·내리 사랑_47
·너와 나_49
·달집 태우기_51
·더위 해결사_53
·동토凍土를 옥토沃土로_55
·두물머리_57
·뜻밖의 피서_59
·만유인력 법칙의 예외_61
·모정母情_63
·바로잡습니다_65
·본능 표출_67
·봄은 만들어진다_69
·부메랑_71
·부익부 빈익빈_73

3부

· 산타 할아버지_77
· 솔선수범_79
· 쇼팽과 피아노_81
· 스모킹 건_83
· 신하여가新何如歌_85
· 세상 이치_87
· 아날로그 발동기_89
· 아버지 생각_91
· 아침노을_93
· 안락사_95
· 요단강_97
· 우리는 항성恒星_99
· 우물 안 개구리_101
· 워밍업_103
· 웹사이트website_105
· 의기투합_107
· 이 또한 지나가리라_109
· 이별별곡3_111
· 인생역전_113
· 임신 기여석_115

4부

· 잔 띄우고_119
· 지나간 시계에게_121
· 질투_123
· 천성산 화산_125
· 탈바꿈_127
· 패랭이 꽃과 나비_129
· 평생친구_131
· 포기는 없다_133
· 피톤치드 비빔밥_135
하늘이 무너져도 솟아날 구멍은 있다_137
학의 슬픔_139
함무라비 법전_141
행복예약_143
헬렌 켈러가 된 튤립_145
혼인_147
흔들바위_149

1부

가족 나들이

12 December 2022

SUN	MON	TUE	WED	THU	FRI	SAT
				1	2	3 소비자의 날 11.10
4	5 무역의 날 · 자원봉사자의 날	6	7 대설	8 11.15	9	10
11	12	13 11.20	14	15	16	17
18 11.25	19	20	21	22 동지 11.29	23 12.1	24
25 성탄절	26	27 원자력 안전 및 진흥의 날 12.5	28	29	30	31

12월의 의미

누구에겐 꽃망울이 예약된 겨울이고
누구에겐 포부를 담고 있는 꼬투리이겠지만
나에겐 군 시절의 첫 휴가 마지막 날이다

공룡의문_당항포
612-82-05804 TEL: 055)670-3813 이상근
경상남도 고성군 고성읍 성내로 130

2024-04-21 13:45(일) POS:01 BILL:000109

상품명	수량	할인	금액
승용차			
3,000	1개	0	3,000
어른우대			
3,500	1개	0	3,500
어른			
7,000	1개	0	7,000

부가세 과세 물품가액 :   12,273
부   가   세 :   1,227

합   계 :   13,500
받을금액 :   13,500
받은금액 :   13,500

공룡의문(매표)_당항포
7466154 TEL: 055)670-3813 이상근
경상남도 고성군 고성읍 성내로 130 2024-04-21 13:45(일) POS:01 BILL:000109
신용카드 매출전표 [고 객 용]
[삼성 마스타] 5188-31**-****-3582
[금액] 13,500 원(일시불) [부가세]:1,227
[65657649] 매입사제출

** 20240421-01-000109 **

65세

세월이 몰고 온 허무감도
물품으로 분류되는 수모감도
처음 맛보는 할인의 달콤함에
눈 녹듯 사라지지만

겨울은 변함없이 오고 있다

103

우리는 백삼이라 입으로 말하지만
비둘기는 십삼이라 개체 수로 말한다

2023 February

SUN	MON	TUE	WED	THU	FRI	SAT
			1	2	3	4 입춘
5 정월대보름/입춘	6 · 2023학년도 체격자 등록예약 2023.2.6 (월) ~ 2.8 (수)	7	8	9	10	11
12	13 · 2023학년도 체격자 수강신청 2023.2.13 (월) ~ 2.15 (수)	14	15	16	17 · 2022학년도 2월 학위수여식	18
19 우수	20 졸업	21 · 2023학년도 체격자 영상수강 신청기간 및 추가(변경)신청 2023.2.21 (화) ~ 2.23 (목)	22	23	24	25
26	27	28 · 2023학년도 입학식				

2023년의 2월

누구에게만 더 주고
누구에게는 덜 주는
편중偏重의 싹을 잘라버리고
전체가 아랫목이 되는
공정한 평등을 실현시켰다

가을비가 만든 선물

가을비가 산책로에
연못 하나 선물했다
바라만 보았던 하늘을 담아보라고
누구에게나
꿈은 이루어진다는 걸 보여주라고

가을에 내린 첫눈

가을 눈이 가불로 데려온 겨울 낭만
그 위에 피어오른 오솔길
'첫눈이 오면…'이란
실현되지 못한 약속을 어루만지러 가는
따뜻하고 고마운 길

가장家長

왜소한 체구지만
거센 물살에도 무너지지 않고
육중한 무게를 지탱하고 있는 건
가장이라는 책임감이
DNA에 짙게 새겨져 있기 때문이 아닐까?

가족 나들이

꽃이 사슴 타고
꽃구경 나왔다

5월이라
가족과 함께

간절한 소망

하느님
시곗바늘을 지구의 자전과 공전에 닻추지 마시고
달팽이의 걷는 속도에 맞추어 주시길 애원합니다

고목

작은 짐승에겐 풍우風雨와 한서寒暑로부터의 대피 처로
사람에겐 여전히 피톤치드와 산소의 공급처로
모든 생명체에겐 관악기의 아름다운 선율 제공 처로
늙었지만 젊은 보살로
내소사의 길목에서 자비를 베풀고 있다

구름도 등산한단다

모두가 가뭄으로 아우성칠 때
곳곳을 돌아다니며 단비를 선사하려
체력을 단련하고 있는 거야

등산을 너희들만 하는 게 아냐

긴급회의

오늘의 어젠다인
'낚이지 않는 방법 모색'을 두고
난상토론 중입니다

꽃댕강나무

별을 보면
자장가를 들으면서
젖 먹는 아이처럼
평온해집니다

2부

부메랑

나림那林

27년간 피어 온 선생의 글이
문학 숲을 이루어
늘 푸른 나림이 되었다
솔잎이 그렇듯

남의 떡이 더 커 보인다 1

견우와 직녀는 매일 바라보고 있는
두 학을 부러워하고
두 학은 힘껏 부둥켜안을 수 있는
견우와 직녀를 부러워한다
왜 파라다이스에서 지옥을 부러워하는가

남의 떡이 커 보인다 2

아파트가 부러워서
고개를 내밀고 있니

난 네가 부러운데

내리사랑

말 안 듣는 미운 다섯 살 백악기 아이들
그때나 지금이나 아이는 아이다

애태우지만 사랑할 수밖에 없는

너와 나

편안하고 든든하니 행복 제조기가 따로 없다

달집태우기

액厄막이와 염원을
오롯이 담고서 타오르는 저 불길은
지금까지 걸어왔던 비포장도로를
탄탄대로로 바꾸려는
의지와 의존을 표출하고 있는 중이다

더위 해결사

빡빡 머리는 무풍無風지대가 되었고
미역 감기는 에어컨과 컴퓨터게임이었다
60년대 아이들의 여름은
그렇게 해고되었다

동토凍土를 옥토沃土로

갈라진 상처를 남도대교가 봉합했으니
갈등과 반목의 화살이 난무하는 동토를
화합과 통합의 꽃이 만발하는 옥토로
개간하는 일은 우리의 몫이겠죠

두물머리

여기서 합쳐진 힘이
서울 우뚝 세웠다
세계 4대 문명이 그랬던 것처럼

뜻밖의 피서

앗, 악어다
더위야, 어디 숨었니?

만유인력 법칙의 예외

정월 대보름이라 해서
뉴턴의 사과처럼
소원이 뚝 떨어지는 법은 없다

도전과 노력으로 만들어진 낚싯대만이
힘차게 낚아 내릴 수 있다

모정 母情

살아서는 뭇사람들의 호흡기로
산소와 피톤치드를 보냈고
죽어서는 뭇 생명체의
보금자리와 자양분을 마다않으니
내 몸의 구성 원소가 모정이란 건 과학이다

바로잡습니다

'자전거 통행인은 둔치 자전거 길을 이용하시기 바랍니다'

아름다운 우리말이 제대로 사용되면 곱고 예쁜 꽃으로 피어나 더욱 아름다워집니다

본능 표출

사람은 죽어서만 아니라
살아서도 이름을 남기길 원한다

봄은 만들어진다

별꽃이 계단을 타고
벚나무에 꽃을 달았다
별꽃과 벚꽃은
벚꽃이 되어 아랫마을을
봄으로 적시고 있다

부메랑

전지전능하다고 자부하는
인간들의 위대한 업적인
기후변화가
겨울에도 명자나무 꽃을 피웠다
인간들께 상납하려고

부익부 빈익빈

'개천에서 용 난다'라는 속담이
적용되는 사례가 사라진지 오래다

3부

아날로그 발동기

산타 할아버지

난감하네

솔선수범

노구老嫗인 내가 왜 매년 열매를 맺겠어
가장 신성한 일을 외면하면 안 되기 때문이다

나에게 부자 되게 해달라는 소원만 빌지 말고
아이를 낳게 해달라고 빌어봐

하늘이 가상히 여길 거야

쇼팽과 피아노

강물을 쓰다듬는 '피아노 협주곡'
명상을 데려오는 '야상곡'
절로 어깨가 들썩이는 '마주르카'
쇼팽의 낭만이 200년을 날아와
벤치에 착륙했다

스모킹 건

이래도 시치미를 뗄 건가?

신하여가新何如歌

9°C와 10°C면 어떠하며
23%와 24%면 어떠하리
이미 봄이 스며들고 있는데
봄잔盞을 돌리며
흠뻑 취해보세

세상 이치

동가청상보다는
동가홍상이지

아날로그 발동기

*킨더데이크 마을에서 온 엽서 한 장이
디지털 강풍에 흩어졌던
낭만 조각들을 한자리에 모아
아날로그 마을을 만들었다
베이비붐 세대가 살았고 그리워했던

---

* 1997년 유네스코가 세계문화유산으로 지정한 네덜란드의 풍차마을

아버지 생각

똥장군을 짊어진 어깨가 힘겨울 때마다
식솔 생각에 오히려 더 힘을 내셨던
아버지의 땀과 희생 덕분에
평지를 걸어올 수 있었다

한없이 크셨던 아버지

아침노을

아침노을은 자부심이
얼마나 강하길래
하늘도 모자라
수면 위에도 얼굴을
보란 듯이 새길까?

안락사

자궁 착상 불발에
힘든 세상 어떻게 살겠냐고
수많은 발길이 자비를 베풀고 있다

요단강

언팩트가 팩트를 밟고
하늘로 올라갔다

바람아
혹세무민으로 찌든 세상을
시원하게 날려다오

우리는 항성恒星

어제도 빛났고
오늘도 빛나고
내일도 빛날
너와 나는 서로에게
꿈이고 등불이다

우물 안 개구리

이곳이 우주다

워밍업

용왕龍王을 꿈꾸며

웹사이트 website

이 웹사이트에는
정보 말고
곤충을 올려주세요

의기투합

강 건너 촉석루를 바라다보니
김시민과 논개가 손잡고 걸어 나와
나에게 목청껏 외치는 듯하다
'늘 푸르고 곧은 절개의 상징인 그대여!
우리 모두 의기투합하여 이 나라를 보우하세'

이 또한 지나가리라

벽면 사이에 끼여 있는 너를 보고
119를 불렀지만 소용없었어
발만 동동 굴리고 있는데
누군가가 속삭였어
시간이 해결해 준다고

이별별곡 3

꽃과 잎처럼 기약 있는 이별엔
꿈틀대는 꿈이 있지만
제비집으로 바꾸지 않는 한
까치집 속엔 종교가 부화孵化한다

인생역전

화장실이라고 얕잡아 봤지
나를 만나려고 길게 늘어진 줄 좀 봐

인생역전은
누구에게나 가능한 거야

임신 기여석

임산부 배려석 옆에
남편을 위한
임신 기여석이 마련된다면
곤두박질치고 있는 출산율에
낙하산 효과가 발휘될 텐데

4부

솟아날 구멍은 있다

잔 띄우고

포석정이 유상곡수로 이어지니
갈만한 곳이 마땅찮았던 풍류시인들은
물 만난 고기가 된 기분일 거야

지나간 시계에게

지나간 시계가
무턱대고 버렸던 숱한 사연을
이번에는
분리수거해 주면 좋겠습니다

아픈 사연은 쓰레기 소각장으로

질투

내 지시만 수행하는 아바타를 만들었는데
실수로 나보다 더 잘생긴 거야
그때 몰아치는 질투심 장난이 아니더라
그래서 찢어 버렸어

천성산 화산

베수비오 화산은
폼페이를 삼겨 버린 일본군 같은 침략자
천성산 화산은
하늘을 화폭 삼은 신박한 화가

탈바꿈

주홍글씨 '레임덕'이 너무 무거워
몸속의 야생 유전자를 겨우겨우 끄집어내어
세상 사람 다 보라고 온 힘을 다해 비상했다
마이티 덕으로 탈바꿈은 이루어질 수 있다고

패랭이 꽃과 나비

공생 관계에서 순애純愛로
순애純愛에서 순애殉愛로
너와 내가 그랬듯이

평생 친구

노익장 과시하며
무리하게 길 건너려다
삐끗한 허리

나쁘지만 않네
평생 친구 생겼으니

포기는 없다

한번 펼친 꿈 접을 수 없지

해 뜰 날은 반드시 오니까

피톤치드 비빔밥

너희 가족이 온다기에
피톤치드와 태곳적 공기를 버무린
비빔밥 특식을 식탁에 엄청 차려놨다
과식과 소화불량은 먼 나라 이야기이니
내 기분이 하늘을 날 때까지 먹고 또 먹어라

하늘이 무너져도 솟아날 구멍은 있다

산책 중에 만난 배변 응급실
품위를 살려 준 구세주

학의 슬픔

영원히 손잡을 수도
껴안을 수도 없는 형벌이
시시포스의 운명과 너무 닮아
절망의 늪에서 허우적거리고 있지만
인간은 겉만 보고 우리를 무척이나 부러워한다

함무라비 법전

단물만 빼먹고
토끼지 마라
그대로 돌려준다

행복예약

꽃 드레스를 차려입은 시집이
나에게 시집왔다
이젠
기쁨을 풀어낼 일만 가득 쌓여있다

헬렌 켈러가 된 튤립

친구도 없고 종교도 없는 곳에서
혼자 모진 겨울을 뚫고 올라와
기어이 봄을 돋보이게 한
그대가 진정 헬렌 켈러다

혼인

불력佛力으로 맺은 인연
고침안면이 따로 없다

흔들바위

흔들리면서도 자리를 지키고
융통성까지 갖춘 네가
역할 모델이 되어줘서
모난 세상 잘 헤쳐왔지

벽창호 친구까지 생겼어